# 了不起的中国非遗

# 纸艺

美术宝·编著

化学工业出版社
·北京·

## 内 容 介 绍

《了不起的中国非遗 纸艺》带我们走进了张灯结彩、喜气洋洋的“纸世界”。自从造纸技术成熟之后，纸走进了平常百姓的家庭，与纸有关的手工技艺在民间蓬勃发展。

本书介绍了与纸有关的五项非物质文化遗产——剪纸、花灯、风筝、苏扇和油纸伞，从发展历史、民间习俗、文化寓意、制作技艺等方面，多角度地展现了非遗的魅力。匠人们在实用、耐用的基础上，充分发挥了设计能力，融入中国传统文化的吉祥寓意，丰富了人们的生活。

体验非遗魅力，感受中华文明的伟大变迁，探寻过去，开拓未来，就在了不起的中国非遗。

图书在版编目（CIP）数据

了不起的中国非遗．纸艺 / 美术宝编著．—北京：化学工业出版社，2023.11
ISBN 978-7-122-44237-6

Ⅰ．①了… Ⅱ．①美… Ⅲ．①纸工－非物质文化遗产－中国－青少年读物
Ⅳ．① G122-49

中国国家版本馆 CIP 数据核字（2023）第 185820 号

责任编辑：丰 华 李 娜　　文字编辑：郭 阳
责任校对：杜杏然　　封面设计：史利平

出版发行：化学工业出版社（北京市东城区青年湖南街13号 邮政编码100011）
印 装：北京尚唐印刷包装有限公司
787mm×1092mm 1/12 印张 6 字数 200 千字 2024 年 3 月北京第 1 版第 1 次印刷

购书咨询：010-64518888　　售后服务：010-64518899
网 址：http://www.cip.com.cn
凡购买本书，如有缺损质量问题，本社销售中心负责调换。

定 价：55.00元

# 前言

**非物质文化遗产是什么？**

是指各族人民世代相传，并视为其文化遗产组成部分的各种传统文化表现形式，以及与传统文化表现形式相关的实物和场所。非物质文化遗产是一个国家和民族历史文化成就的重要标志，是优秀传统文化的重要组成部分。通过对具有历史、文学、艺术、科学价值的非物质文化遗产的学习，可以提高审美意识，增强动脑和动手能力，激发想象力和创造力，我们都是小小传承人。

美术宝教育创始人兼 CEO

甘凌

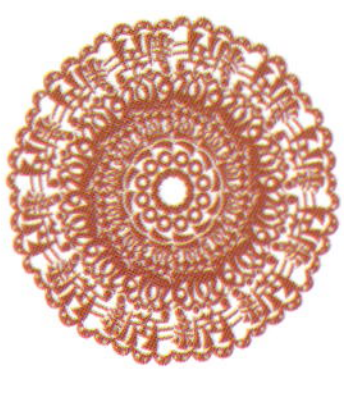

# 目录

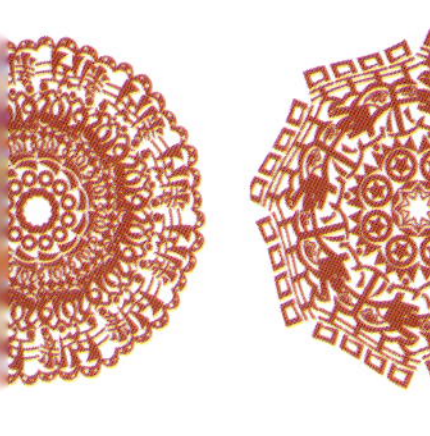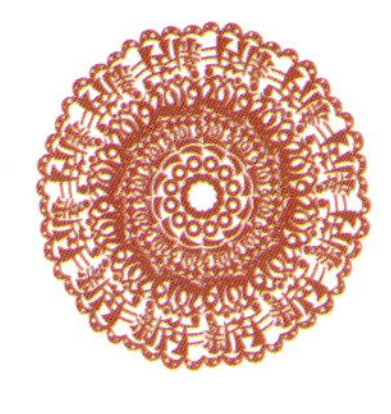

「风筝制作技艺（潍坊风筝）」

## 趁得风轻放纸鸢 ………………… 27

「制扇技艺」

## 手中有扇，风度翩翩 ………… 39

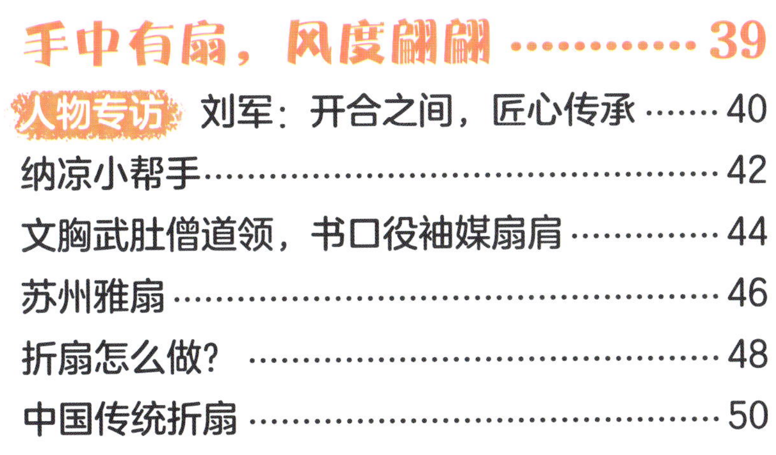

「伞制作技艺（油纸伞制作技艺）」

## 油纸伞的前世今生 …………… 53

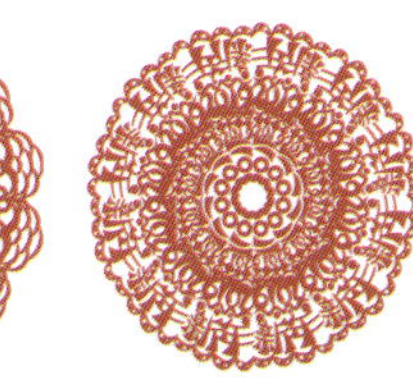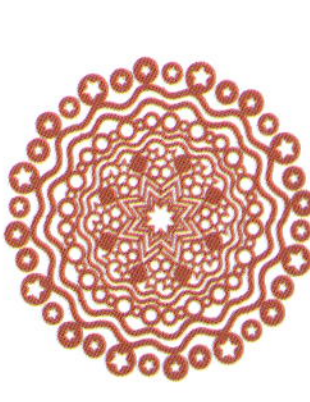

## 非遗档案

**遗产名称：** 中国剪纸

**列入年份：** 2009 年

**非遗类型：** 联合国教科文组织评定列选的人类非物质文化遗产代表作名录

**非遗类别：** 传统手工艺；社会实践、仪式、节庆活动

**申报国家：** 中华人民共和国

**简　　介：** 中国剪纸是用剪刀或刻刀在纸上剪刻花纹，用于装点生活或配合其他民俗活动的一种民间艺术。剪纸艺术自诞生以来，被广泛应用于各种民俗活动中，是历史文化内涵最为丰富的中国民间艺术形态之一。

# 镂空之美

## ·中国剪纸·

翦彩赠相亲，银钗缀凤真。
双双衔绶鸟，两两度桥人。
叶逐金刀出，花随玉指新。
愿君千万岁，无岁不逢春。
——[唐]李远《翦彩》

# 谢灵：因为热爱，所以坚守

## 您是因为什么机缘开始剪纸的？

A：最早接触剪纸，大概是在我 6 岁的时候。我小时候都是住在姥姥家，姥姥是当地的刺绣和剪纸高手，我从小耳濡目染。小时候剪纸就是我的玩伴，从第一幅我认真做的作品到现在，大概有 13 年了。因为热爱，所以坚守，我觉得这是我剪纸的最大信念。当我的作品被大家认可的时候，我获得了满满的幸福感。尤其是 2008 年北京奥运会的时候，来自世界各地的朋友来到北京，他们看到我的剪纸非常喜欢。我觉得继承和发扬中国传统文化是一件非常有意义的事情。

**谢灵**
北京青年手工剪纸艺人
中华文化促进会剪纸艺术委员会会员

## 人物专访

### 剪纸最吸引你的一点是什么？乐趣在哪里？

A：剪纸是百人百剪，百剪不同。每个人创作的作品，都是独一无二的。在制作剪纸的过程中，我经常会有突发的灵感，所以经常是一边剪一边改，而完成的作品往往会有意想不到的惊喜。当一个小小的构思，通过手中的剪刀活灵活现地展现在我面前的时候，我的内心是非常满足的。剪纸充实了我的生活，成了我形影不离的好朋友，现在我已经不知道是剪纸陪着我，还是我陪着剪纸了。

### 剪纸有派系之分吗？剪纸都有哪些题材呢？

A：中国的剪纸主要分为南派和北派，南派的剪纸清秀灵动，北派的剪纸大气豪放，无论哪派的剪纸都是劳动人民智慧的结晶，剪纸取材都是取自生活中的场景，比如说山西、陕西剪的大多是窑洞、抓鸡娃娃，还有腰鼓等。江苏剪纸有名山大川、小桥流水。剪纸是源于生活又高于生活的。剪纸题材非常丰富，包括神话传说、民俗活动等，还能表达我们美好的情感。

### 您怎样看待工业化对传统手工艺的影响呢？

A：虽然手工艺术受到了工业化的冲击，但是传统的手工艺术依旧有着不可替代的价值。我们的作品里面饱含了手心的温度以及对生活的热爱。随着时代的进步，希望我们的传承队伍有更多新鲜的血液加入，希望有更多的青少年能够来继承和发扬这门传统手工艺。

# 纸和剪纸

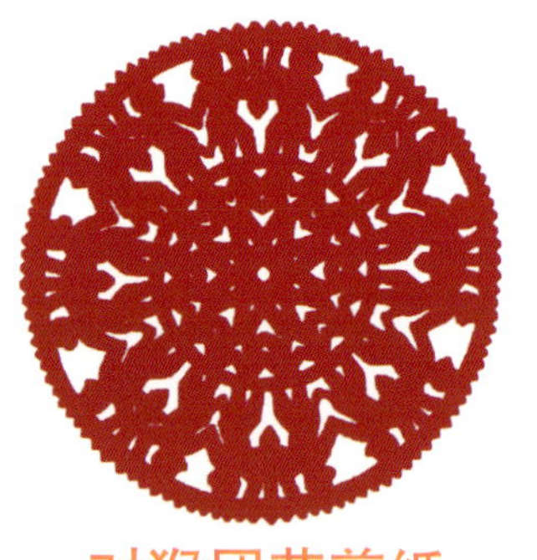

对猴团花剪纸

我们都知道，中国古代的四大发明之一造纸术，是东汉时期由蔡伦改进成熟的。那么造纸术发明之前，有剪纸艺术吗？

这个是单色剪纸，一般会用红色、黄色、青色等颜色的彩色宣纸来制作，这种宣纸颜色鲜艳且不容易掉色。

其实，早在发明纸之前，类似剪纸的镂刻工艺就已经出现了，相传周武王“剪桐封弟”，就是在梧桐叶上剪刻出图案纹样。战国时期，出现了在皮革、银箔等薄片材料上镂刻花纹的工艺。

但是，纸的发明确实推动了剪纸艺术的发展。目前，我国出土的最早的剪纸作品是北朝时期的对马团花、对猴团花。

唐朝时期，剪纸蓬勃发展，杜甫的《彭衙行》中就有“暖汤濯我足，剪纸招我魂”的诗句。宋朝时，已经出现了以剪纸为职业的手工艺人，有的擅长剪字，有的擅

长剪装饰花纹。明清时期，剪纸艺术的发展达到鼎盛，运用范围非常广泛，布料上的纹饰、彩灯上的花饰、扇面上的纹饰等，都运用到了剪纸技艺。

# 小剪纸，大不同

剪纸是流行全国的手工艺术，不同地方的剪纸都有哪些区别呢？

## 我家的剪纸最漂亮

### 扬州剪纸

扬州在唐宋时期就有“剪纸报春”的习俗。扬州的剪纸艺人会根据绣品创作底样，有绣花必有纸样，因此，扬州剪纸便与扬州刺绣结合，形成了一种风格独特的剪纸艺术。

### 延川剪纸

延川剪纸是陕西省延川县境内富有特色的民间艺术之一，大都出自农家妇女之手，以淳朴、粗犷、简练、明朗为特点。作品饱含乡土气息和感情，体现出古朴的民风。

### 佛山剪纸

佛山剪纸历史悠久，可分为纯色剪纸、衬料剪纸、写料剪纸、铜凿剪纸四大类。极具特色的衬料剪纸采用精细的手法剪刻出物象的线条、骨架，再用素色纸做衬底，就像一幅精美的单色画。

### 蔚县剪纸

与其他地区的剪纸不同，河北省蔚县的剪纸以阴刻为主，复用多色点染彩绘，刀工更加精细，颜色更为丰富。

## 剪纸的妙用

### 窗花

窗花是贴在窗户上的剪纸，有特别多的种类。除了节日盛行贴各类窗花外，结婚、做寿时也有专门的窗花样式。

### 刺绣花样

过去人们制作鞋子、香包等绣品时，会先在纸上剪出花样，再根据剪纸的花样绣出花纹和图案。

### 烧制陶瓷

工匠将所需形象的剪纸纹样贴在瓷碗上，施釉后揭掉剪纸，将瓷碗送入窑内烧制，形成了独树一帜的烧制技法。

### 花布

唐代民间还出现了利用剪纸工艺刻制的漏版印花板，人们将厚纸板雕刻成花板，再将防染浆漏印到布匹上，最终形成美丽的图案。

# 千变万化的剪纸图案

**鲤鱼**

因为“鱼”和“余”同音，所以鱼形纹样有“生活富足”的美好寓意。

**神话传说**

财神爷是中国民间传说中掌管财源的神仙，贴财神爷窗花有期盼“招财进宝”之意。

**文字花纹**

通常以“春”“喜”“福”“寿”等文字搭配祥云纹等装饰性花纹，衬托美好光景，表达美好寓意。

## 生肖

每年都会对应不同的生肖，在春节贴上新的生肖剪纸，有辞旧迎新的含义。

# 剪纸技法要知道

剪纸的表现形式和制作方法非常简单，快来学一学吧！

## 剪纸的表现形式

**对称图形**

规整且对称，可分为上下对称或左右对称。

**单独图形**

不规则且不对称的单独图形。

**复合图形**

既有对称图形，又有单独图形的组合图形。

# 剪纸的方法

## 阳刻剪纸

保留形体的造型线，而把其他部分剪去或刻去的剪纸方法。阳剪的作品以线条为主，类似中国的工笔画。

在剪纸作品中，阳剪和阴剪要相互结合，设计一些点线面的变化，这样的剪纸才漂亮。你学会了吗？

## 阴刻剪纸

与阳刻剪纸相反，在剪纸过程中剪去或刻去形体的造型线，留住大块面。这类作品以面为主，通过点线来丰富画面，作品效果朴实厚重。

# 翻翻折折花样多

将纸按照一定方法折叠后再进行剪刻，就可以得到很多个对称的图形和纹样。快来看看都有哪些折叠方法吧！

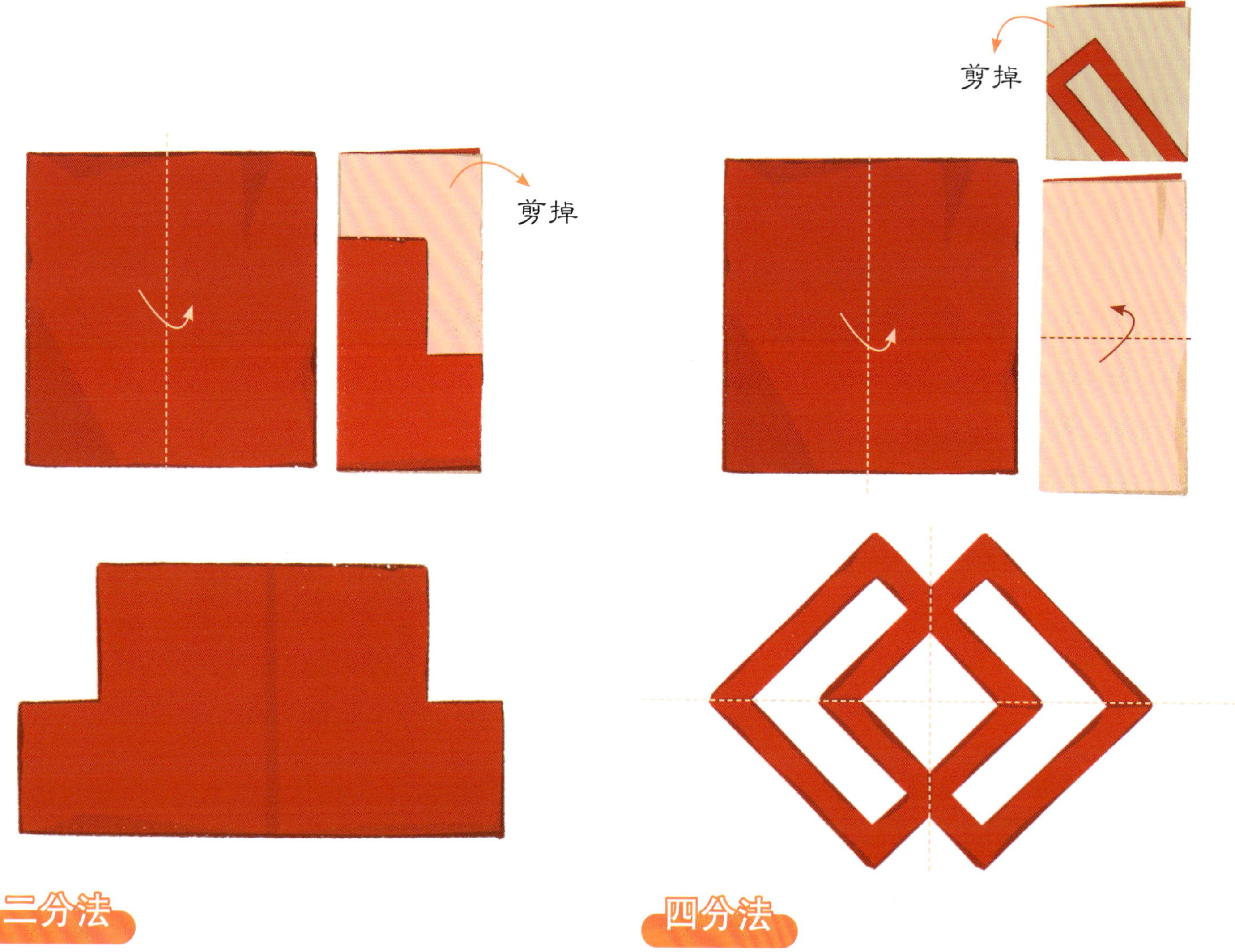


## 二分法

将方形纸对折一次，叫做二分法。这样折可以剪出上下对称或左右对称的纹样和图形。

## 四分法

将方形纸对折一次后，再对折一次，叫做四分法，可以剪出 2 轴对称的纹样和图形。

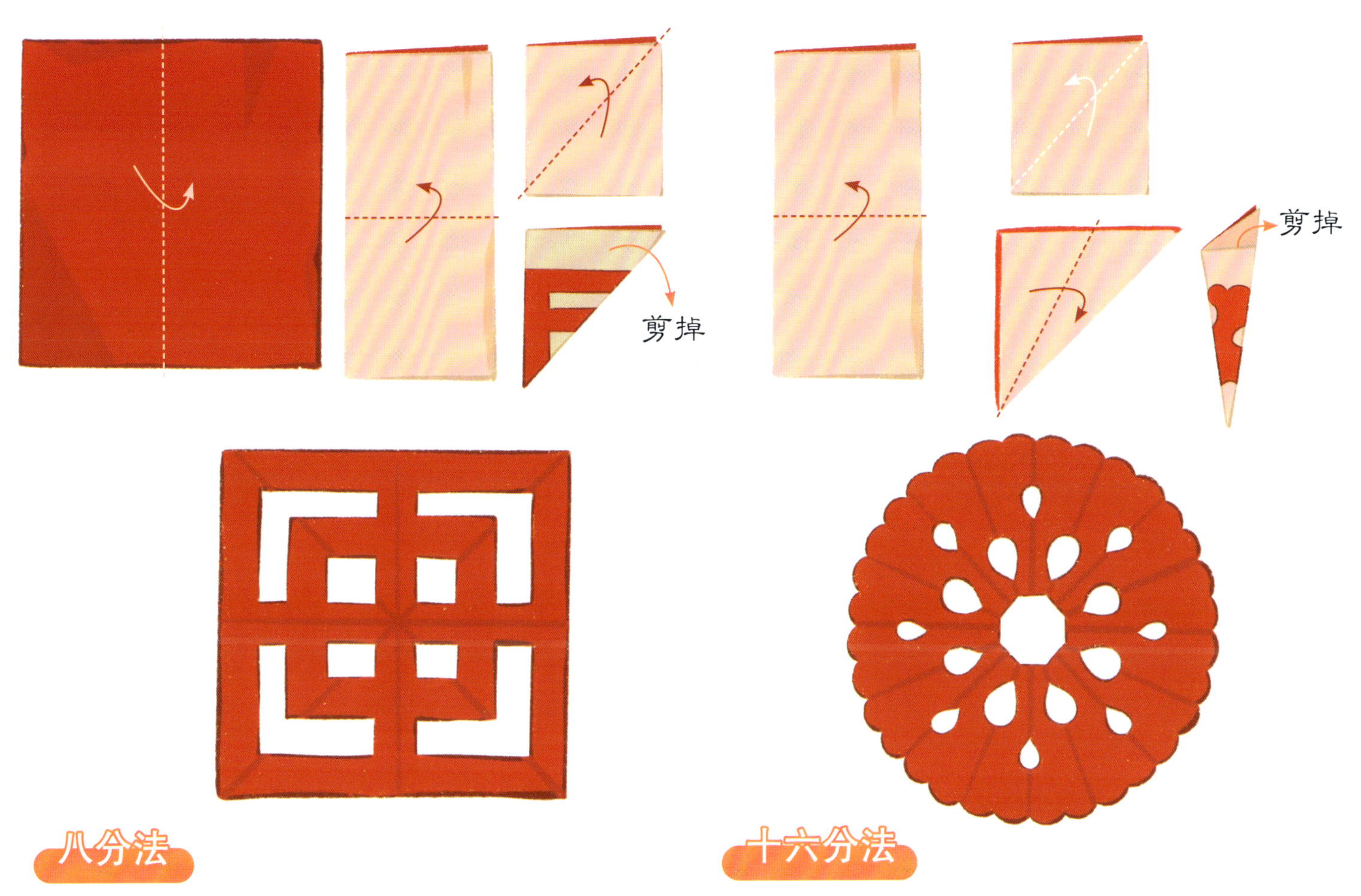


## 八分法

将方形纸对折两次后，再沿对角线对折一次，叫做八分法，可以剪出 4 轴对称的纹样和图形。

## 十六分法

在八分法的基础上再对折一次，就是十六分法，可以剪出 8 轴对称的纹样和图形。

## 非遗档案

遗产名称：元宵节

公布时间：2008 年（第二批）

非遗级别：国家级

非遗类别：民俗

项目编号：Ⅹ-71

申报单位：文化部

简　　介：在中国，农历正月十五是元宵节，按照民间的传统，这一天，人们要吃元宵、挂花灯、猜灯谜，亲人团聚，赏月观灯，同庆佳节。

遗产名称：灯彩（仙居花灯）

公布时间：2006 年（第一批）

非遗级别：国家级

非遗类别：传统美术

项目编号：Ⅶ-50

申报地区：浙江省仙居县

简　　介：灯彩，民间俗称为“彩灯”或“花灯”，是我国普遍流行的一种装饰性传统手工艺品。张灯结彩是元宵节最主要的节俗活动，这种“光”与“彩”的艺术在历史的积淀和文化的浸润中呈现出独特的审美价值。

# 猜灯谜，挂花灯

## ·元宵节、灯彩（仙居花灯）·

去年元夜时，花市灯如昼。

月到柳梢头，人约黄昏后。

——［宋］欧阳修《生查子·元夕》（节选）

# 正月十五闹元宵

农历的正月十五是一年中第一个月圆之夜，古人称“正月”为“元月”，“夜”为“宵”，所以称正月十五为“元宵节”。自古以来人们就有在元宵节吃元宵、猜灯谜、赏花灯等习俗。你知道还有哪些习俗吗？

## 南北元宵大战

### 包汤圆

元宵在南方称“汤圆”，汤圆是用糯米皮包出来的。

### 滚元宵

在北方，元宵节要吃元宵，元宵是用馅料块蘸水，在糯米粉里“滚”出来的。

## 猜灯谜

为了增加赏灯时的乐趣，人们将写有谜语的纸条挂在五光十色的彩灯上给人猜，这种形式十分受欢迎，逐渐成为元宵节不可缺少的传统节目。

## 红灯笼

元宵节是重要的团圆节日，圆圆的红灯笼有“团团圆圆”的寓意，所以红灯笼是元宵节最常见也是最受欢迎的花灯之一。

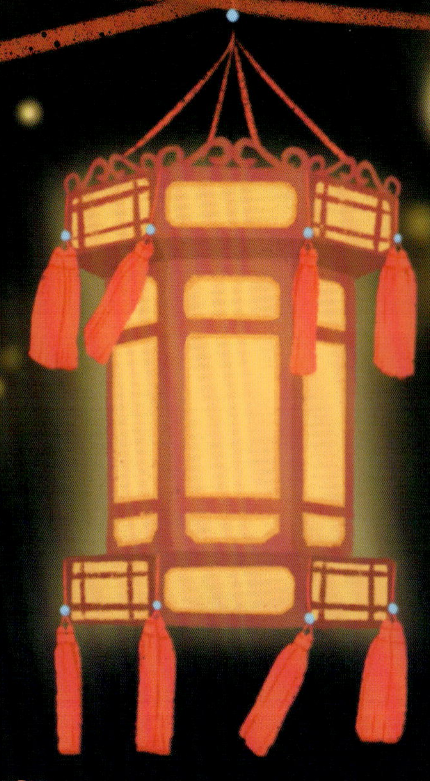

## 宫灯

宫灯又称宫廷花灯，是皇宫内使用的灯，这种做工精致又奢华的宫灯，在豪门富户中也十分流行。

# 欢欢喜喜赏花灯

随着人们审美的变化，元宵节的花灯也产生了各种各样的灯形。

## 莲花灯

在元宵节这天，高高挂起的花灯是为了庆祝团圆，而随着水漂游的莲花灯，则用来表达对逝去亲人的悼念。

## 肖形灯

肖形灯是指模仿动物、植物等物体的形态所制作的花灯。常见的灯有兔子灯、鲤鱼灯、宝莲灯等，这种灯不仅会被挂在屋檐下，也会被小朋友和年轻人提在手里。

## 孔明灯

相传在古代，人们用这种能飞上天空的纸灯笼，作为通风报信的信号。如今，人们在元宵节放飞写有愿望的孔明灯，作为祈福之用，所以孔明灯也叫许愿灯、祈天灯。

## 仙居针刺无骨花灯

针刺无骨花灯是浙江省仙居县的特色传统工艺品。艺人用针在灯罩上刺出镂空图案，灯身无骨。亮起灯时针孔里会透出独特、斑驳的光彩。

# 灯笼上的艺术

花灯经过历代艺人的继承和发展，除了发展出各式各样的灯形，一个小小的花灯还融合了绘画、剪纸、纸扎、缝纫等多种工艺。

仙居花灯

# 仙居花灯

仙居花灯源于唐代，融合了空间设计、染色、绘画、刺绣等工艺，有“中华第一灯”的美称。

仙居花灯全名是仙居针刺无骨花灯，从名字上就可以看出，其最大的特点就是针刺和无骨。所有灯面上的图案都是用刀凿针刺成孔，经过透光留影而成。整个灯身没有用到灯骨架，而是用大小不等、形状各异的纸质灯片通过折叠粘接而成。

其实，仙居花灯的制作流程非常复杂，工艺质量要求高，价格昂贵，曾有“两担米，一盏灯”的说法。主要工序就有十多道，一般要经过开纸、染色、裱面纸、起样、绘图纸、装订裁纸、凿剪图样、裱透光纸、针刺等。

# 灯笼里的动画

走马灯古称仙音烛（唐）、马骑灯(宋)等，属于灯笼的一种。在走马灯内点上蜡烛，蜡烛上方的空气受热膨胀，热空气上升，而冷空气由下方补充，产生空气对流，使轮轴转动。轮轴上有剪纸，烛光将剪纸的影子投射在灯笼壁上，图像就转动起来啦！

将竹签固定在灯架上。

给剪纸穿上线挂在风轮上，用一根竹签将风轮支起来。

最后在灯架上装上造型精美的灯罩，点上蜡烛，风轮转动，剪影也就转起来了，是不是很神奇呢？

# 为什么要挂花灯呢?

传说在很久以前，一只神鸟因为迷路降落到了人间，却被猎人当作害人的猛禽给射死了。天帝知道后震怒，下令让天兵在正月十五到人间放火，把人间的人、畜、财产都烧光。天帝的女儿心地善良，不忍心看到百姓无辜受难，就偷偷来到人间，把这个消息告诉了人们。

一个聪明人想出了一个办法，他让大家在正月十五、十六、十七这三天都在家里张灯结彩、点燃爆竹和烟火，这样一来，到了正月十五这天晚上，天帝看到人间一片红光，响声震天，并连续三个夜晚都是如此，以为是天兵放的大火燃烧的火焰而作罢。从此每到正月十五，家家户户都挂起灯笼、燃放烟花来纪念这个日子。

# 中国传统花灯

## 非遗档案

**遗产名称：** 风筝制作技艺（潍坊风筝）

**公布时间：** 2006 年（第一批）

**非遗级别：** 国家级

**非遗类别：** 传统技艺

**项目编号：** Ⅷ-88

**申报地区：** 山东省潍坊市

**简　　介：** 潍坊位于山东半岛，春天风多雨少，且风向稳定，非常适合放风筝。明代潍坊风筝以板子风筝为主，之后形成了以硬翅风筝为主，以长串蜈蚣风筝为最、软翅风筝为巧、筒子风筝为奇的造型系列。

# 趁得风轻 放纸鸢

## ·风筝制作技艺（潍坊风筝）·

雨余溪水掠堤平，闲看村童谢晚晴。
竹马踉蹡冲淖去，纸鸢跋扈挟风鸣。
——［宋］陆游《观村童戏溪上》（节选）

# 风筝从何而来?

## 木鸢

风筝，古时称“鹞”，北方称“鸢”。相传 2000 多年前，在相当于今天山东潍坊的地方，有一位老爷爷叫墨翟（墨子），他想做出能在天上飞的工具，研究了 3 年后，他用木板制成了一只木鸟，这木鸟便是风筝的雏形。

## 木鹊

后来，伟大的发明家鲁班把竹子劈开削光滑，用火烤弯曲，做成的木鸟形状像鹊，称为木鹊，可以在空中飞翔三天而不落地。

## 鼎盛时期

明清是风筝发展的鼎盛时期，明清风筝在大小、样式、装饰、扎制和放飞技术上都有了巨大的进步。

## 纸鸢

东汉时期，蔡伦改进造纸术后，坊间开始以纸制作风筝。鸢，其实就是老鹰，因为老鹰喜欢展开双翅，在空中借助风力翱翔，所以古人称风筝为“纸鸢”。

## 军事工具

早期的风筝形制单一，为纸制飞鸢，主要是为军事服务，比如作为测量、通信工具。

## 蓬勃发展

到了宋代，放风筝成为人们很喜欢的户外活动，并受到文人墨客的追捧，人们还在纸鸢头部装上竹笛，风一吹嗡嗡作响就像古筝的声音，慢慢地，就有了风筝这个名字。风筝的制作工艺也开始进入了蓬勃发展阶段。

# 燕子归来喜报春

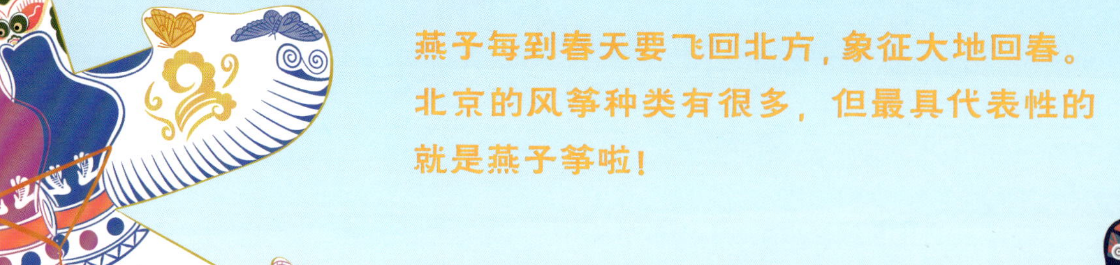

燕子每到春天要飞回北方，象征大地回春。北京的风筝种类有很多，但最具代表性的就是燕子筝啦！

北京燕子筝

北京的燕子筝大多保留了《南鹞北鸢考工志》中记录的样式，分为瘦燕、肥燕、半瘦燕、比翼燕等。

《红楼梦》的作者曹雪芹，十分擅长制作风筝，并通过歌诀和图谱将风筝扎、糊、绘、放的过程记录在了《南鹞北鸢考工志》这本书中。

# 威武的龙头蜈蚣

**山东潍坊是著名的世界风筝之都，过去的潍坊风筝有“十个风筝九个蝶，九个蝴蝶九个新”的说法，人们用“鲁蝶”来概括潍坊风筝的特点。经过长期的创新发展，身形巨大、工艺繁杂的龙头蜈蚣也成为潍坊风筝的代表性作品。**

风筝的主体由许多圆形单片串结而成，身体两侧延伸出的脚模仿了蜈蚣的脚，庞大灵活，取其“多子多孙、多福多祥”的吉祥寓意。

## 潍坊国际风筝会

潍坊国际风筝会于每年四月在潍坊举行，是我国最早冠以“国际”并被国际社会承认的大型地方活动。

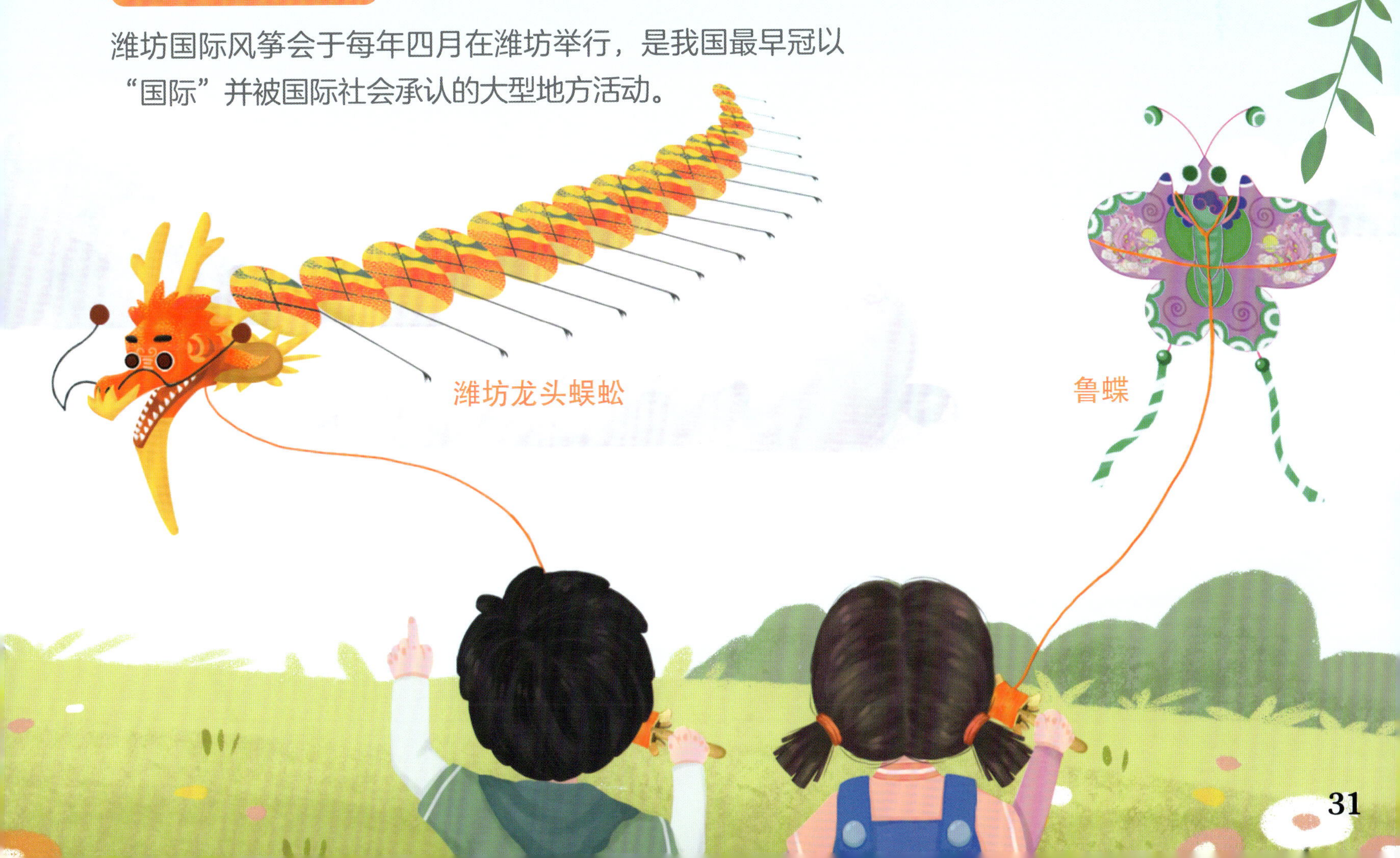

# 吉祥寓意美上天

放风筝除了是一项强身健体、有益眼睛健康的运动外，还融入了清明节、重阳节的民俗活动中。民间有放风筝“去晦气”“跑病根”的说法，表达了人们内心的美好愿望。让我们来看看美丽的风筝是如何组成的吧。

## 风筝的结构

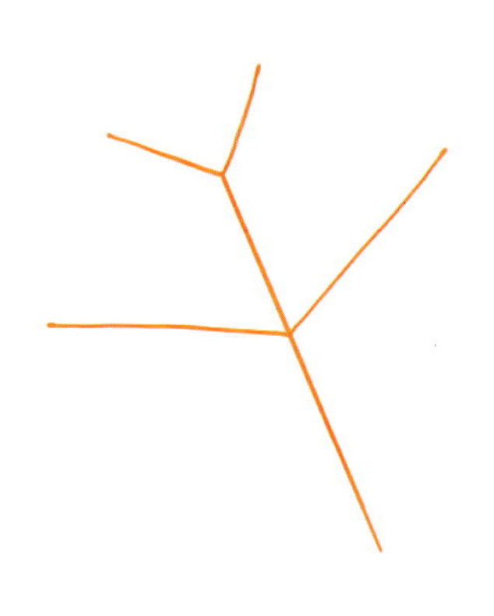

### 提线

提线可以使风筝面倾斜一定的角度，与风力形成一个合理的夹角，这样风筝才能够飞起来。

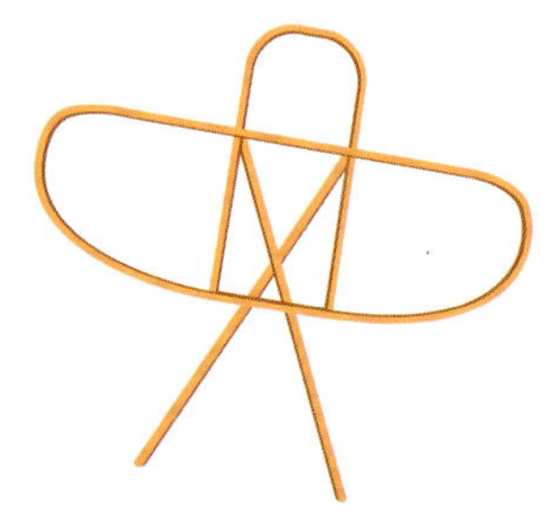

### 骨架

骨架由竹子制成，负责撑起风筝，保证其稳定性。

### 风筝面

风筝面是艺术表现的重点部分，面上绘制的图案纹样带有美好的寓意。

### 放飞线

放飞线缠绕在轮轴上用来控制风筝的飞行高度。

### 尾巴

长长的尾巴起到装饰作用的同时，还帮助风筝保持平衡。

## 哪个风筝最鲜艳?

红色、黄色、黑色的风筝和天空的颜色差别大，很容易被看到，而蓝色和绿色的风筝和天空的颜色接近，远远看过去仿佛和天空融为一体，不容易被看到。所以在绘制风筝面时，人们会避免大面积使用蓝色和绿色。

# 风筝上的纹样

除了各式各样的造型，跟着风筝一起飞上天的还有人们对美好生活的向往。风筝纹样有人物、走兽、花鸟、日月星辰、风雨雷电等，以神话传说、民间谚语为题材，通过比喻、谐音、象征等手法，创造出与吉祥寓意完美结合的纹样。

## 植物纹样

雍容华贵的牡丹花、高洁神圣的莲花、坚韧不屈的梅花是风筝面上最常见的几种植物纹样，经常作为主花纹画在风筝最显眼的位置。

## 神话故事

中国神话故事中神通广大的神仙也十分受人追捧，如沿海地区的人们会绘制八仙过海图案的风筝，来祈祷捕鱼的家人能平安归来。

## 动物纹样

动物纹样多采用象征福气的蝙蝠、多子多孙的鲤鱼、吉祥尊贵的龙凤等，同时还会搭配植物纹样一起出现，如蝙蝠和寿桃象征“福（蝠）寿绵长”，莲花和鲤鱼则有“连（莲）年有余（鱼）”的美好寓意。

## 辅助纹样

卷云纹、卷草纹、水纹和其他简单的几何纹都可以作为辅助纹样，在风筝的装饰上起到了非常重要的作用。

# 风筝的制作方法

风筝的制作包括“扎、糊、绘、放”四门技艺，这四个字看似简单却大有文章，快来看看风筝制作技艺中的学问吧！

## 制作风筝的材料

1. 选择韧性好、平整的竹子，作为制作风筝骨架的原料。

2. 将竹子劈成粗细均匀的竹条，并将竹条打磨光滑。

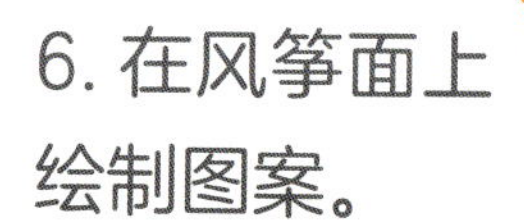

6. 在风筝面上绘制图案。

7. 在风筝面和骨架上均匀地涂抹上胶水，然后将风筝面粘贴到风筝骨架上。等胶水干透后，选择合适的施力点装上提线，一个手工风筝就做好啦！

3. 把竹条在水中泡透，然后放在酒精灯上加热并弯成想要的弧度。

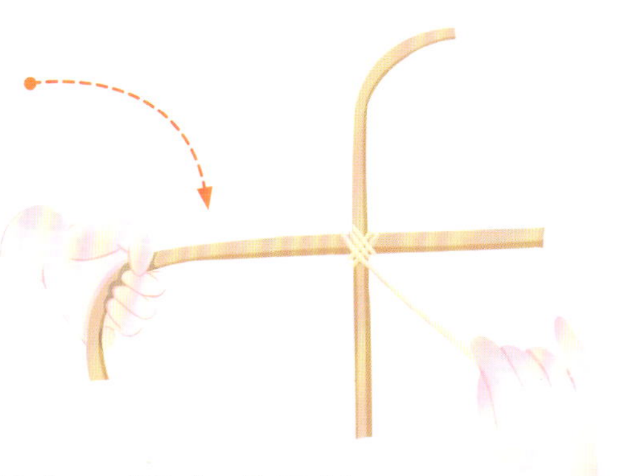

4. 用棉线绑扎竹条，固定成风筝的骨架，骨架要做到中间平直，左右对称。

5. 将风筝骨架放在纸或绢上，用铅笔描出骨架的形状，再用剪刀沿着铅笔线外侧1～2厘米的位置将风筝面剪下来。

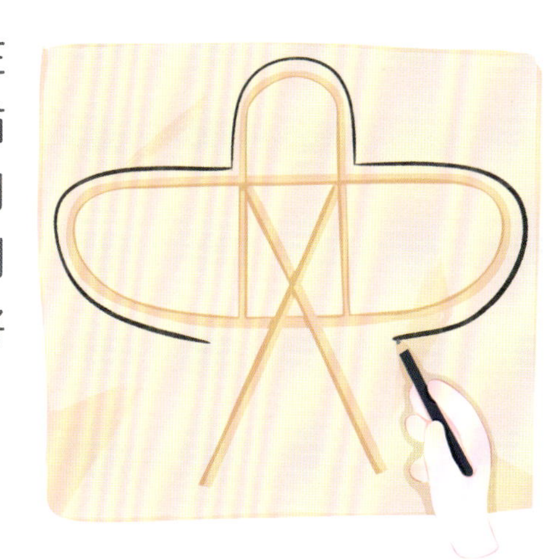

## 为什么风筝一定要对称？

只有在对称的情况下风筝才能平稳起飞，即需要左右两边的面积、重量完全相等以保持力的平衡，否则风筝一倾斜就飞不起来了。

# 非遗档案

**遗产名称：** 制扇技艺

**公布时间：** 2006 年（第一批）

**非遗级别：** 国家级

**非遗类别：** 传统技艺

**项目编号：** Ⅷ -81

**申报地区：** 江苏省苏州市

**简　　介：** 制扇技艺是苏州的地方传统手工技艺之一，以雅致精巧、富有艺术特色而著称，包括了折扇、檀香扇和绢宫扇三类，统称“苏州雅扇”。

# 手中有扇，风度翩翩

## ·制扇技艺·

宫纱蜂趁梅，宝扇鸾开翅。
数折聚清风，一捻生秋意。
摇摇云母轻，袅袅琼枝细。
莫解玉连环，怕作飞花坠。
——［宋］朱翌《生查子·咏折叠扇》

# 刘军：开合之间，匠心传承

**刘军**

非物质文化遗产北京市东城区折扇制作技艺传承人
中国制扇工艺大师
中国扇子艺术学会副秘书长兼办公室主任
曾为 2008 年北京奥运会、毛主席纪念堂、2009 年阅兵仪式、新版《红楼梦》电视剧等制作扇子

## 人物专访

### 您能讲讲关于扇子的起源吗？

A：其实，自人类掌握火的使用以后，就开始有带扇子功能的物品出现了。远古时期，人们在野外生存，最重要的就是要掌握火。把猎物打回来以后，要用火把猎物烤熟，这时就会用羽毛或树叶把火扇旺了再来烤猎物。这也许就是最原始的扇的雏形了。

到了封建社会，统治者为彰显自己的地位和权威，会让两个侍从各持一把障扇，站在统治者的身后。什么叫障扇呢？长长的木杆上面一个圆形的或方形的或别的形状的，用华丽的羽毛编织出来的扇子。在我国的十大名画《步辇图》中，就可以看到仕女手持障扇站在唐太宗后侧。后来随着我们的生产力提高、科学进步，扇的种类越来越多，逐渐有了羽扇、团扇、折扇等不同类型的扇子。

## 裱扇面的制作有哪些讲究?

A：裱扇面最重要的材料和工具就是糨糊，糨糊的黏度比较适中，它不像化学乳胶，黏性太强，刚一裱上去就固定住了，不能再进一步用棕刷子赶走气泡和褶皱。模板上第一个扇面，铺上去以后，先用刷子蘸糨糊给它打一遍，把面打平整了以后，第二张顺势再往上蒙，蒙的时候用干刷子再赶一遍，也要赶平整了，不要有任何气泡，而且两个扇面必须严丝合缝重合到一块，才算裱整齐，所以用糨糊最合适。安下心来，静下心来，慢慢裱，裱完了后，再画上自己喜欢的画，写上自己喜欢的字，我觉得这是一种美好的相遇。

## 扇骨一般是用什么做的?

A：扇骨大多是竹子骨，主要用南竹和毛竹，待竹子长到五到七年的时候，最好在冬天砍竹子，因为那时竹子的水分少，利于砍伐、晾晒。竹子要晒到发黄的时候，才开始开料，劈成大概 40 厘米长，七八厘米宽，不少于 5 厘米宽的竹片，之后还要经过蒸煮、晾晒、抛光等工序，才成为可以做扇骨的竹料。

扇骨我们一般说 1 尺 15 方，是什么意思呢？ 1 尺指扇骨的长度，也就是 33.3 厘米，15 方代表有 15 根扇骨，包括两边的大骨，这是比较常见的折扇的尺寸。

# 纳凉小帮手

古时候的扇子可不叫“扇”，而是称作“箑”“萐”和“翣”。这三个字都念shà，从偏旁上我们可以看出，古时候的扇子大多用竹子、蒲草和羽毛等制成。快来看看扇子的变化吧。

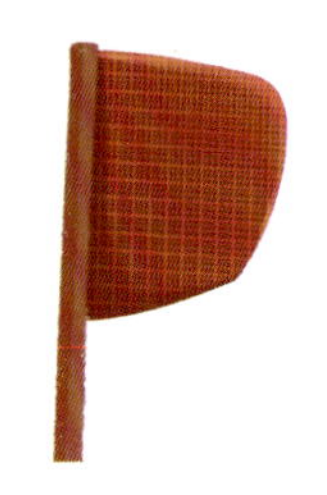

仪仗扇　　便面　　孔明扇

## 障扇

障扇也叫仪仗扇。目前，最早的扇子形象出现在战国古墓出土的青铜器上，是一个长柄扇的图像。那时的扇子并不是用来扇风取凉的，而是地位与尊卑的象征。周代时就有“天子八扇，诸侯六扇，大夫四扇，士二扇”的制度。到了唐代，还出现了“索扇制度”，来烘托皇家气派，加强君主集权。

## 竹扇

目前，最早的扇子实物是江西靖安李洲坳东周古墓出土的短柄竹扇，属于春秋晚期，被称作便面，有“中华第一扇”之称。湖南长沙马王堆出土了西汉的竹扇，精美许多，可见到了汉代，制扇工艺有了很大的进步。

## 羽扇

羽扇出现的年代说法不一。江陵马山战国墓出土了两种羽扇，一种长柄，一种短柄。羽扇在汉末盛行于江东，为雅士所喜爱，中国历史上使用羽扇最有名气的人物应该是诸葛亮了。

除了羽扇，魏晋南北朝时，麈（zhǔ）尾、麈尾扇、比翼扇相继出现。

宋、明两代是扇子发展史的转折时期。北宋是我国历史上商品经济空前繁荣的时代，相传折叠扇从日本传入我国，不过当时的折扇是用水柳木的皮折叠成的蝙蝠形，没有扇骨。

## 纨扇

汉唐是扇子的发展时期，新技术和原料的出现使扇子的种类、形状和工艺不断发展。纨扇，又叫团扇、合欢扇，用竹木条做扇骨，以绢、罗、纨等丝织品为面。扇面上可画山水人物，有刺绣，甚至镶有珠宝，多为女性使用。

纨扇（团扇）

之后，便有了我们现在的折扇，以竹木为扇骨，底端用销钉固定，扇面用纸，也有用绢的。在扇面上画画，题词赋诗，成了流行一时的扇文化风潮。

折扇

# 文胸武肚僧道领，书口役袖媒扇肩

扇子不仅是夏天纳凉的工具，对于不同身份的人，扇子的使用方法也不同。民间流传着“文胸武肚僧道领，书口役袖媒扇肩”的说法，快来看看他们有什么不同吧！

酒

## 僧道领

僧人和道士通常会穿着长袍，领口到后腰的位置通风，所以用扇子扇领口的位置，最能起到扇风取凉的效果。

## 武肚

古时的将军、武士等性情豪爽、不拘小节，扇扇子时会将扇子全部打开，在身旁大幅度地扇动，想要快速扇走热气，这也彰显了他们驰骋沙场应有的英雄气概。

衙门

## 书口

说书人主要将扇子作为道具模拟刀枪武器、毛笔等，偶尔打开扇子扇扇嘴，防止唾沫乱溅，影响形象和观感。

## 媒扇肩

“媒婆扇肩”指的是给其他人扇扇子，有尊重和讨好他人的意思。

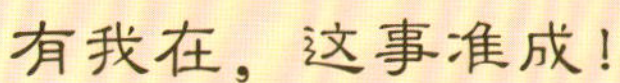


## 役袖

衙役、兵役等公务人员通常会将银钱、文件等物品放在制服的袖口中，跑来跑去的时候，袖子里会格外热，所以要用扇子扇袖口。

## 文胸

文人是有文化修养的人，扇扇子时，扇子不会全部打开，而是将扇子放在胸口，轻轻扇动，彰显儒雅的气质。

# 苏州雅扇

苏扇的历史悠久，在明清时发展鼎盛。一把小小的折扇，就需要 70 多道工序。扇骨多以毛竹为主，也有用檀香木、紫檀、乌木、象牙和玳瑁等名贵材料的。苏扇分为三类——绢宫扇、折扇和檀木扇，其特点是制作精美、技艺独特，拥有丰富的手工艺，且极具江南文化特色和诗歌风雅韵味。

## 檀木扇

檀木扇是在折扇的基础上发展而来的，但没有扇面、扇骨之分，通身由檀木片制成。木片上的装饰以镂空雕刻和烫印等手工艺为主，专业上叫拉花、烫花、雕花。扇体散发出天然的木香味，整体效果极为典雅。

## 绢宫扇

绢宫扇又叫宫扇，多为宫廷女子所用，既可消暑，又可遮面。绢宫扇的造型很多，有圆形、芭蕉式、六角形等。扇骨以竹、木为主，高档的会用到牙、角等，扇骨上有雕刻。扇面以绢为主，绘有花鸟、山水，也有题诗句的。

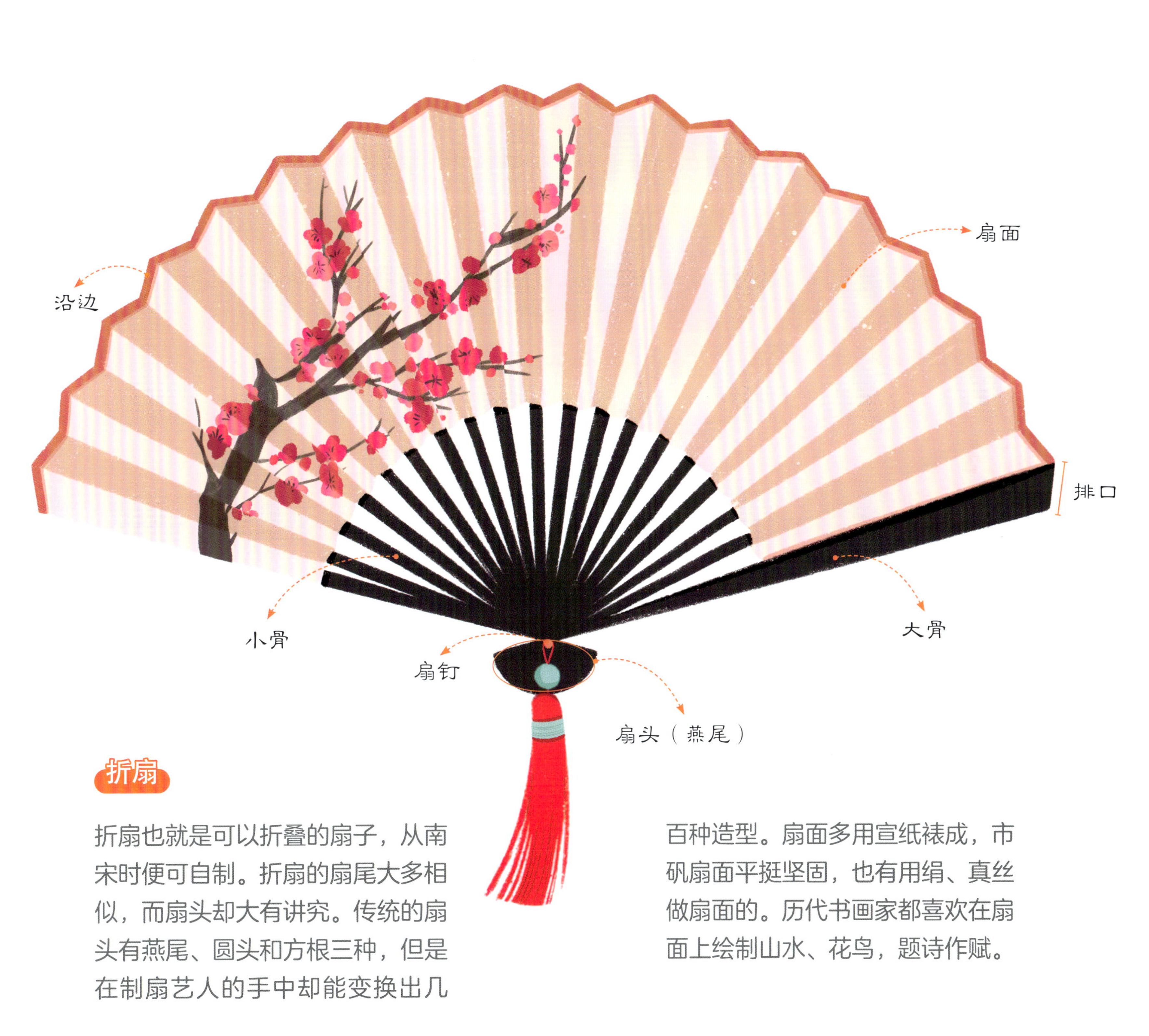


## 折扇

折扇也就是可以折叠的扇子，从南宋时便可自制。折扇的扇尾大多相似，而扇头却大有讲究。传统的扇头有燕尾、圆头和方根三种，但是在制扇艺人的手中却能变换出几百种造型。扇面多用宣纸裱成，市矾扇面平挺坚固，也有用绢、真丝做扇面的。历代书画家都喜欢在扇面上绘制山水、花鸟，题诗作赋。

# 折扇怎么做?

一把竹扇，要将上好的竹材经过煮、晒、劈、成型、烘烤、打磨后，或雕刻，或髹（xiū）漆，再经烫钉、装配等一系列工艺才告完成。用来制作扇面的生宣纸要经过开纸、净面、挂矾水、阴干、裱扇面等步骤。快来看看制作折扇都有哪些主要步骤吧！

## 扇骨的制作

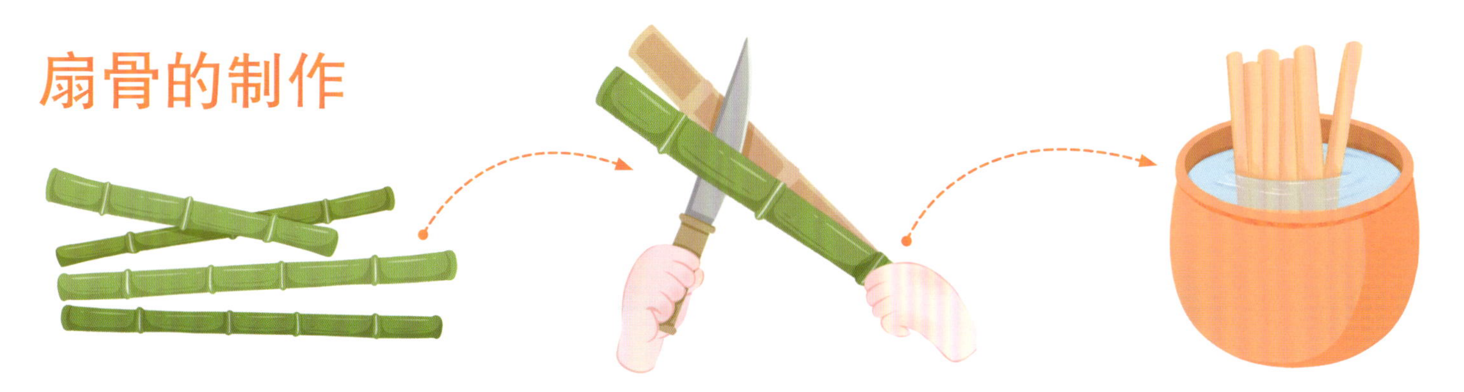

1. 选竹龄至少 5 ~ 7 年，最好长在山头阳面的冬竹，产自浙、皖的竹料最好。

2. 选择干净无瑕的部分锯成圆筒状，再劈片。

3. 劈好的竹料放在配有草药的沸水中蒸煮几个小时，避免竹料再生蛀虫。

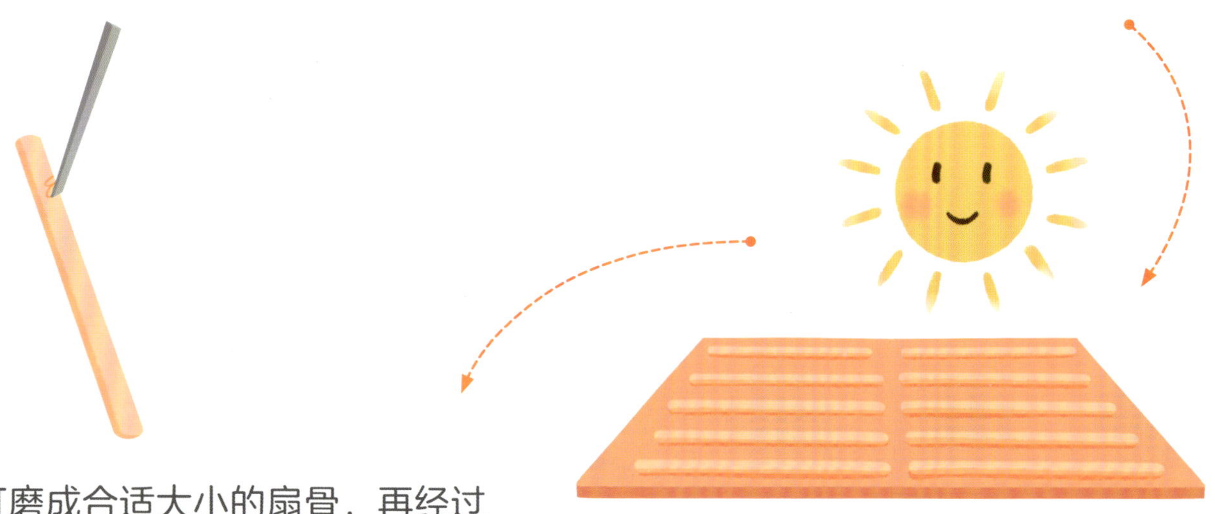

4. 在通风干燥处存放 2 年以上的竹料才能用于制扇。

5. 将竹料打磨成合适大小的扇骨，再经过雕刻、髹漆等工艺后，在扇钉处打孔，扇骨的部分就完成了。

## 扇面的制作

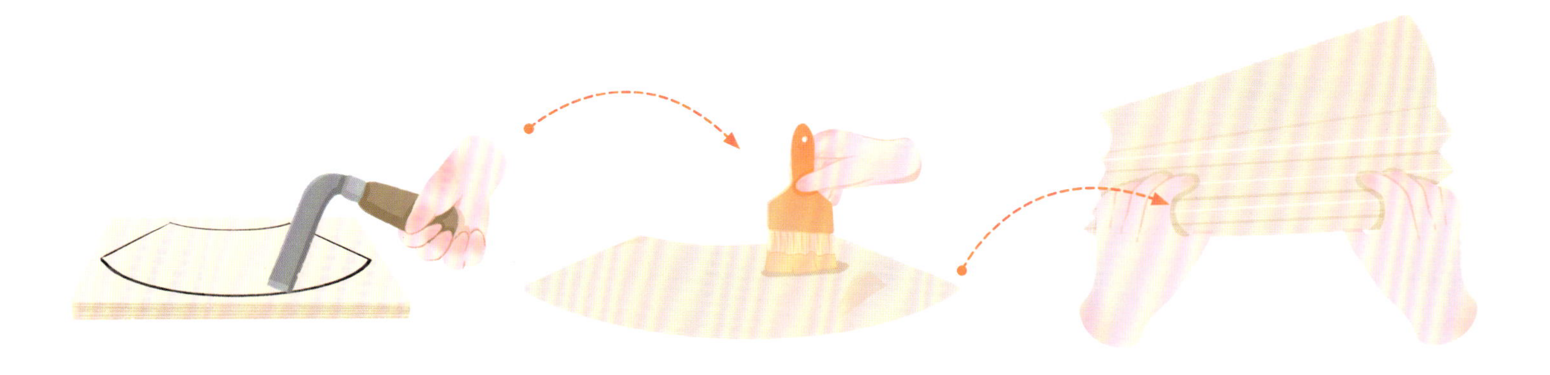

1. 按照扇骨对应的比例尺寸将生宣纸裁成一定规格的扇形。

2. 将 3 ～ 4 张挂好矾水的宣纸用糨糊裱糊在一起。

3. 将经过加工的扇形宣纸折出对应数量的折痕。

## 成扇组装

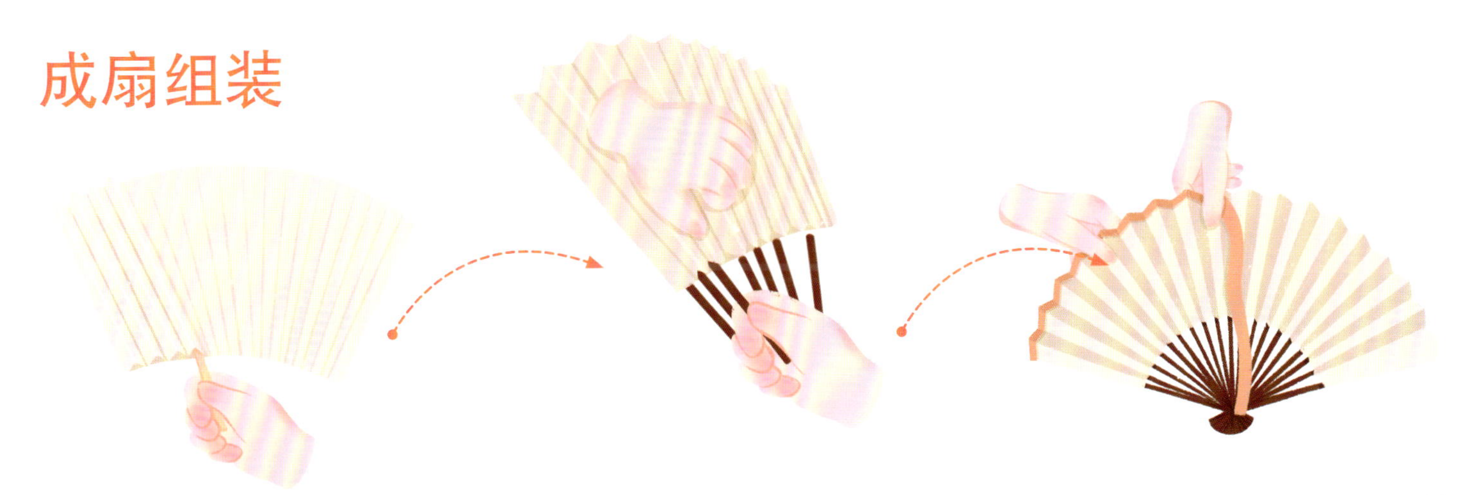

1. 用一根细长的竹棍疏通折痕内纸间的空隙，隔开糨糊，以便插入扇骨。

2. 将扇骨依次穿进扇面后，再将扇面的两端粘在大扇骨上。

3. 用宣纸条给扇面的顶端包边，使扇面的外边缘更整齐美观、结实耐用。这样一把折扇就完成啦！

# 中国传统折扇

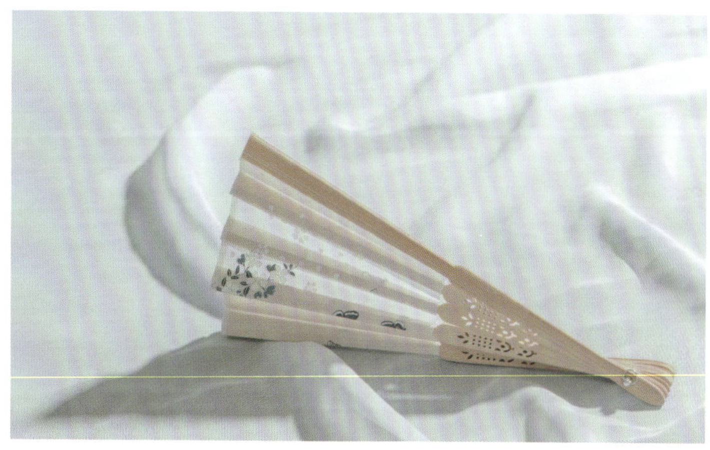

# 非遗档案

| | |
|---|---|
| **遗产名称：** | 伞制作技艺（油纸伞制作技艺） |
| **公布时间：** | 2008 年（第二批） |
| **非遗级别：** | 国家级 |
| **非遗类别：** | 传统技艺 |
| **项目编号：** | Ⅷ -140 |
| **申报地区：** | 四川省泸州市 |
| **简　　介：** | 我国制伞技艺有着悠久的历史，四川省泸州市分水伞厂以传统手工方式制造的桐油纸伞至今仍显示出古老工艺的独特价值。 |

# 油纸伞的前世今生

## ·油纸伞制作技艺·

撑着油纸伞，独自
彷徨在悠长，悠长
又寂寥的雨巷，
我希望逢着
一个丁香一样的
结着愁怨的姑娘。
——戴望舒《雨巷》（节选）

# 伞的前世

中国制伞历史悠久，相传，最早的伞是由鲁班的妻子云氏发明的。

春秋末年，鲁班常在野外工作，若遇下雨，经常被淋湿。鲁班的妻子想做一种能遮雨的东西，她就把竹子劈成细条，在细条上蒙上兽皮，样子像“亭子”，并且可以收拢、张开，这就是最早的雨伞。纸出现以后，人们在伞纸上刷桐油制成防水的油纸伞。

古代帝王和达官显贵出巡时，常有侍从拿着长柄圆顶、外缘垂有流苏的仪仗物站在身后，称为“伞盖”。不同级别的人使用的伞盖在大小、色彩上各不相同。

# 伞的今生

如今，伞是我们平日里遮阳避雨的工具。其实，伞还蕴含着很多美好的寓意。“伞”的繁体字是“傘”，代表多子、多福。伞打开时，呈圆形，收合时伞骨同聚一轴，象征圆满、团结。民间传说桐油可以消灾，油纸伞放在家中，还有平安吉祥之意。

## 预祝金榜题名

中国古代有一个习俗，赴京赶考或做官上任的人，背包里除了装有书本外，一定会带一把红色油纸伞，即“包袱伞”，又称“保福伞”，预祝路途平安、高中状元。

## 喜庆

红色油纸伞也代表着喜庆，在我国很多地方，做寿、结婚、生子、乔迁、高升等依然保留着送红色油纸伞的习俗。

# 油纸伞的结构

油纸伞一般是由伞面、伞杆、伞骨和伞托组成。

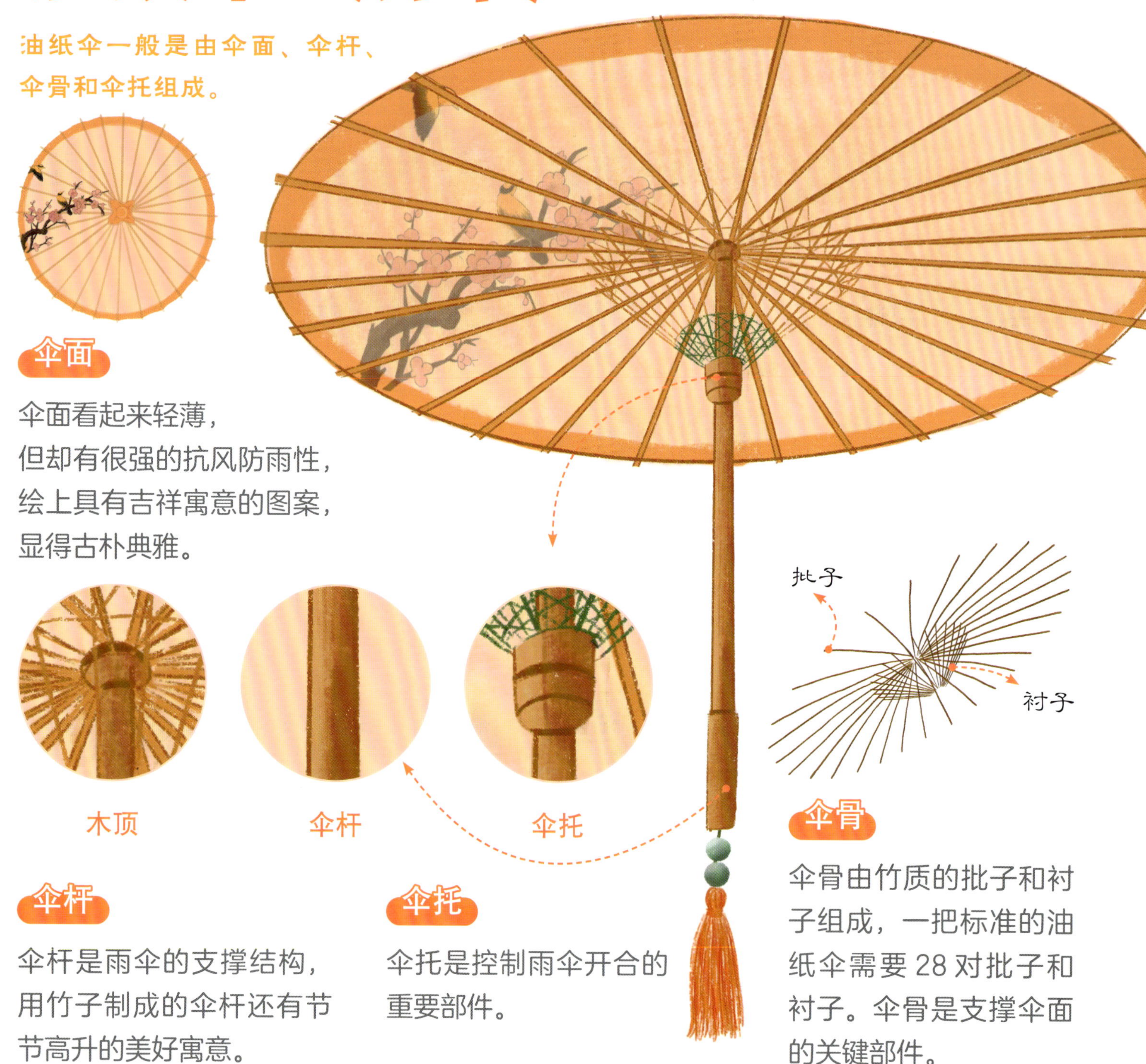


## 伞面

伞面看起来轻薄，
但却有很强的抗风防雨性，
绘上具有吉祥寓意的图案，
显得古朴典雅。

## 伞杆

伞杆是雨伞的支撑结构，用竹子制成的伞杆还有节节高升的美好寓意。

## 伞托

伞托是控制雨伞开合的重要部件。

## 伞骨

伞骨由竹质的批子和衬子组成，一把标准的油纸伞需要 28 对批子和衬子。伞骨是支撑伞面的关键部件。

# 不怕水的纸

普通的纸放进水中很快就会被浸湿，古人是用什么办法让纸伞的纸能够防水而不被雨水浸湿的呢？

油桐是我国南方常见的树木之一，用油桐的种子榨出的桐油，具有防水、防腐的功能。

用刷子将熬好的熟桐油少量多次地刷在油纸伞的正反两面，等桐油完全干透以后，不防水的纸伞就变成轻薄透亮、防水防虫、结实耐用的油纸伞啦！

# 泸州分水油纸伞

各地的油纸伞都有其地方特色，其中，泸州分水油纸伞有三大特色区别于其他油纸伞——网线“画八卦”、石印伞面工艺和渡线满穿。

网线，就是在伞骨的批子末端绕线，起到稳固伞面的作用。泸州分水油纸伞一般平行 10 圈网线，再斜向交叉网线，称为“画八卦”，不仅使网线稳固，还极具设计感。

石印伞面是用套色石板在伞面上印刷图案的工艺，是泸州分水油纸伞的核心工艺之一，既用了科学的制作方法，又融入民族特色。

渡线，就是用棉线穿过批子和衬子，每层彩色丝线交织，以折线方式渡线。不同的穿法，形成不同的图案。比如，方胜纹暗指同心相合，意蕴吉祥；盘长纹象征生生不息，子嗣绵延；水波纹寓意绵绵不绝。